D1620769

Türkiye Diyanet Vakfı
Yayın Matbaacılık ve Ticaret İşletmesi

Yayın No: 551 - B
Halk Kitapları Serisi: 3

ISBN 978-975-389-732-7
Yayıncı Sertifika No: 15402

Yayına Hazırlayan
Ömer KARA

Tasarım
Aral Ajans Ltd. Şti.
www.aralgrup.net

İLKSAY Kurulu'nun 07.12.2012 tarih ve
43/3 sayılı kararıyla uygun görülmüş
ve Mütevelli Heyeti'nin 23.03.2012 tarih
ve 1420/13-A sayılı kararıyla basılmıştır.

1. Baskı, Haziran 2012, Ankara, 10.000 Adet

Bu kitapta yer alan bilgiler Türkiye Diyanet Vakfı Yayınları'ndan
Seyfettin YAZICI'ya ait
İBADET REHBERİ isimli eserden derlenmiştir.

Baskı
TÜRKİYE DİYANET VAKFI
Yayın Matbaacılık ve Ticaret İşletmesi
Alınteri Bulvarı 1256. Sk. No: 11
06370 Ostim, Yenimahalle/ANKARA
Tel: (0312) 354 91 31 (pbx) Faks: 354 91 32
e-posta: tdvyayin@diyanetvakfi.org.tr

Resimlerle Abdest ve Namaz

İ Ç İ N D E K İ L E R

İÇİNDEKİLER

SUNUŞ

Yaratılışımızın asıl gayesi, "Allah'ı bilmek ve O'na ibadet etmektir. İbadetlerin en önemlisi ise namazdır.

Namazın Allah katında makbul olması, onun samimi bir niyetle ve doğru olarak kılınması ile mümkündür. Buna bağlı olarak gusül ve abdestin de öğrenilmesi gerekmektedir.

Elinizdeki bu kitapçıkta, özellikle namaz kılmasını yeni öğrenenlere kolaylık olması bakımından abdestin nasıl alınacağı, namazın nasıl kılınacağı resimlerle açıklanmış, beş vakit namazdan başka cuma, bayram ve teravih namazları ile cenaze namazının kılınışı da anlatılmıştır.

Yüzünden Kur'an okumasını bilmeyenlere ezberlemede kolaylık olması bakımından kitapçığın sonuna da namazda okunan dualar ile namaz sûreleri konmuştur. Ancak sûre ve duaları doğru okuyabilmek için, bunları bilen bir kimsenin ağzından dinleyerek ezberlemek gerekir. Bunların öğrenilmesi için biraz zaman ayırmak yeterlidir.

Kıymetli gençlerimize Yüce Allah'tan başarılar dileriz.

Türkiye Diyanet Vakfı

İlk Görevimiz

İlk Görevimiz

Akıl sahibi olan ve erginlik çağına gelen her insanın ilk görevi "**İman Esasları**"na inanmaktır. İbadetlerin makbul olması da buna bağlıdır.

Bu sebeple önce iman esaslarını öğrenmemiz gerekir. Bunlara "**İman Şartları**" da denir.

İman Esasları

İman'ın esasları altıdır:

1) Allah'ın varlığına ve birliğine,

2) Allah'ın meleklerine,

3) Allah'ın kitaplarına,

4) Allah'ın peygamberlerine,

5) Ahiret gününe,

6) Kadere: İyilik ve kötülüğün Allah'ın yaratması ile olduğuna, inanmaktır.

İslâm'ın Şartları

İmandan sonra en önemli görevimiz, **"İslâm'ın Şartları"**nı öğrenip inancımızın gereği olan bu şartları yerine getirmektir.

İslâm'ın şartları beştir:

1) Kelime-i Şahadet getirmek:

Kelime-i Şahadet: **"Eşhedü en lâ ilâhe illellâh ve eşhedü enne Muhammeden abdühû ve resûlüh"** söylemektir.

Anlamı: "Ben şahitlik ederim ki, Allah'tan başka ilah yoktur. Yine şahitlik ederim ki, Hz. Muhammed (A.S.) Allah'ın kulu ve peygamberidir."

2) Namaz Kılmak:

Günde beş vakit namaz kılmaktır.

3) Oruç Tutmak:

Her yıl Ramazan ayında oruç tutmaktır.

4) Zekât Vermek:

Zengin olan müslümünların her yıl fakirlere zekât vermesidir.

5) Hacca Gitmek:

Zengin olan müslümanların ömründe bir defa hacca gitmesidir.

Abdest (Temizlik)

Abdest

Abdest, belirli organları usulüne uygun olarak yıkamak ve meshetmek suretiyle yapılan temizliktir.

Namaz kılmak için abdest almak şarttır. Abdestsiz namaz kılınmaz.

Abdestin Farzları

Abdestin farzları dörttür.

1. Yüzü bir kere yıkamak,
2. Elleri dirseklerle beraber bir kere yıkamak,
3. Başın dörtte birini meshetmek,
4. Ayakları topuklarla beraber bir kere yıkamak,

Bu farzlardan biri eksik olursa abdest sahih değildir.

Abdestte organları bir kere yıkamak farz, üç kere yıkamak sünnettir.

Abdestin Başlıca Sünnetleri

1. Abdest almaya niyet etmek,
2. Abdeste Eûzü-Besmele ile başlamak,
3. Evvelâ elleri bileklere kadar yıkamak,
4. Dişlerini misvak veya fırça ile ya da parmakları ile temizlemek,
5. Abdest organlarını ara vermeden yıkamak, yani bir organ kurumadan diğerini yıkamak,
6. Yıkadığı azaları iyice ovmak,
7. Ağzına üç kere su alıp her defasında boşaltmak,
8. Oruçlu olmadığı vakit aldığı su ile ağzını iyice çalkalamak,
9. Burnuna üç kere su çekmek ve her defasında sol el ile sümkürmek (oruçlu olmadığı zaman suyu burnuna iyice çekmek),
10. Abdestte azaları yıkarken ve meshederken yukarıda anlatılan sırayı gözetmek,
11. Yıkanan her organı üçer kere yıkamak,
12. Abdestte yıkamaya sağ taraftan başlamak,
13. Abdestte elleri ve ayakları yıkamaya parmaklardan başlamak,
14. Kulakları meshetmek,
15. Boynu meshetmek,

Abdestin Mekruhları

Abdestte şunlar yapılmamalı:

1. Suyu lüzumundan fazla kullanmak,
2. Suyu bir gerek olmadığı halde normalden az kullanmak,
3. Suyu yüzüne hızlı çarpmak,
4. Abdest alırken gereksiz yere konuşmak,
5. Pis bir yerde abdest almak.

Abdestsiz Yapılamayan Şeyler

1. Namaz kılınmaz,
2. Kur'an-ı Kerim'e el sürülmez,
3. Tilâvet secdesi yapılmaz,
4. Kâbe tavaf edilmez,
5. Cenaze namazı kılınmaz.

Abdesti Bozan Şeyler

Abdestli olan bir kimsede aşağıdaki hallerden biri meydana gelirse abdesti bozulur:

1. Vücudun herhangi bir yerinden kan, irin ve sarı su çıkmak,
2. Ağız dolusu kusmak,
3. Tükürdüğü zaman tükrüğünün yarısı veya daha fazlası kan olmak,
4. Küçük veya büyük tuvalet yapmak, arkadan yel çıkmak,
5. Bayılmak ve sarhoş olmak,
6. Namazda gülmek (namaz dışında gülmek abdesti bozmaz),
7. Yatarak veya bir şeye dayanarak uyumak.

Resimlerle Abdestin Alınışı

Şimdi abdestin nasıl alındığını sırasıyle resimleri takip ederek öğrenelim

Önce kollar dirseklerin yukarısına kadar sıvanır; sonra, "Niyyet ettim Allah rızası için abdest almaya" diye niyet edilir ve *"Eûzü billâhi mineşşeytânirracîm, Bismillâhirrahmânnirrahîm"* okunur.

Eller bileklere kadar üç kere yıkanır. Parmak aralarının yıkanmasına dikkat edilir. Parmaklarda yüzük varsa oynatılıp altının yıkanması sağlanır.

Sağ avuç ile ağıza üç kere ayrı ayrı su alınıp her defasında iyice çalkalanır.

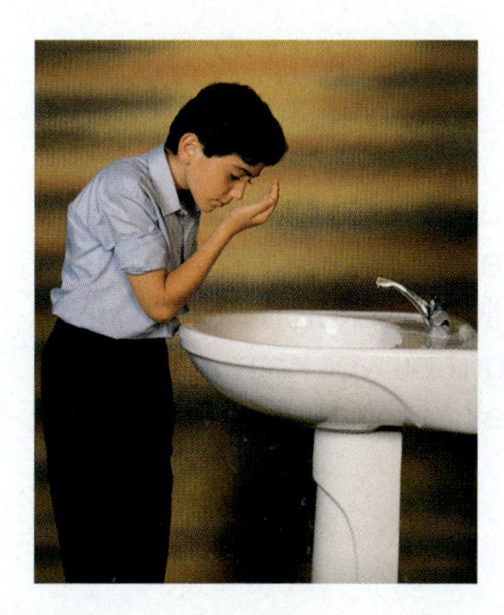

Sağ avuç ile buruna üç kere ayrı ayrı su çekilir ve sol el ile sümkürülerek burun temizlenir.

Alında saç bittiği yerden itibaren kulakların yumuşağına ve çene altına kadar yüzün her tarafı üç kere yıkanır.

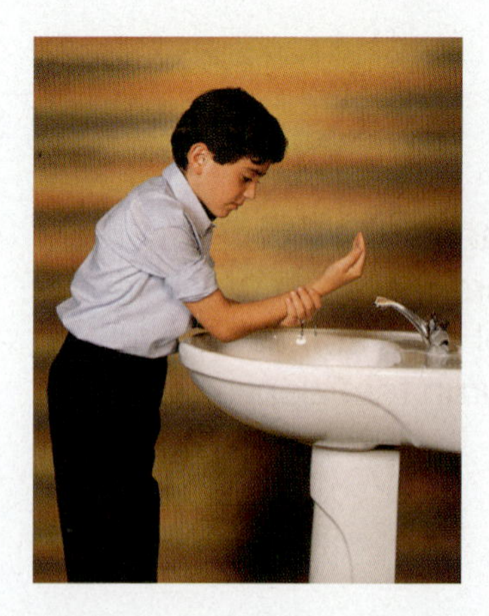

Sağ kol dirseklerle beraber üç kere yıkanır. Yıkarken kolun her tarafı, kuru bir yer kalmayacak şekilde iyice ovulur.

Sol kol dirseklerle beraber üç kere yıkanır. Yıkarken kolun her tarafı, kuru bir yer kalmayacak şekilde iyice ovulur.

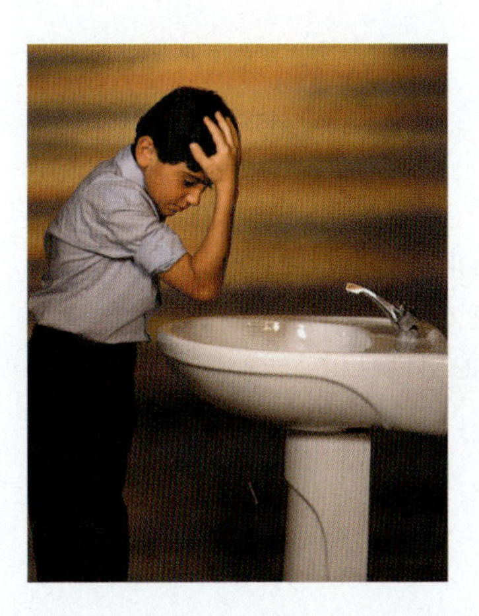

Sağ el yeni bir su ile ıslatıldıktan sonra elin içi ve parmaklar başın üzerine konularak bir kere meshedilir.

Eller ıslatılarak sağ elin şahadet veya küçük parmağı ile sağ kulağın içi, baş parmak ile de kulağın dışı; sol elin şehadet veya küçük parmağı ile sol kulağın içi baş parmağı ile de kulağın arkası meshedilir.

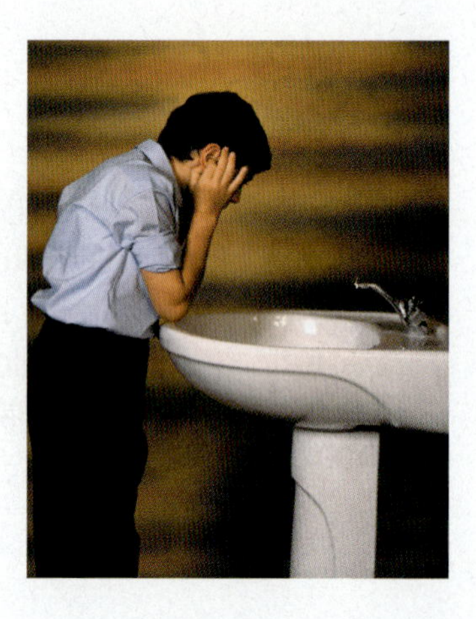

Kalan üç parmağın dışı ile de boynun arkası meshedilir.

Sağ ayak üç kere topuklarla beraber yıkanır. Yıkamaya parmak uçlarından başlanır ve parmak araları iyice temizlenir.

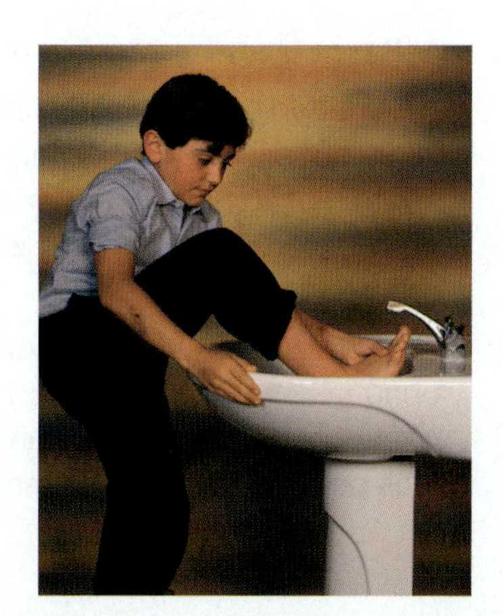

Sol ayak üç kere topuklarla beraber yıkanır. Yıkamaya parmak uçlarından başlanır ve parmak araları iyice temizlenir.
Abdest bitince ayakta ve kıbleye karşı "Kelime-i Şehâdet" okunur.

Sargı Üzerine Meshetmek

Vücudun herhangi bir yerinde kırık veya yaradan dolayı sargı varsa abdest ve gusül yaparken sargı çözülüp altı yıkanır. Eğer sargıyı çözüp altını yıkamak zararlı olursa sargıyı çözmeye gerek yoktur. Bu durumda el ıslatılarak sargının üzerine bir kere meshedilir.

Yara üzerinde ilaç bulunup da üzerinde sargı bulunmazsa bunu yıkamak zarar vermediği takdirde üzerine su akıtılarak yıkanır, su zararlı olursa yıkanmaz, sadece meshedilir. Meshetmek de zarar verirse o da terk edilir.

Gusül

Kuru hiçbir yer bırakmamak üzere bedenin her tarafını yıkamaya gusül denir.

Gusül yapmayı gerektiren haller*:

1) Cünüplük Hali,

2) Her ay belirli zamanlarda kadınlarda görülen âdet halinin bitmesi,

3) Doğum yapan kadınlarda lohusalık halinin sona ermesi.

Bu durumda olanların gusül yapmaları farzdır.

Bu halde olanlar gusül yapmadıkça:

a) Namaz kılamaz,

b) Kur'an okuyamaz,

c) Kur'an'a el süremez,

d) Kâbe'yi tavaf edemez

e) Bir zorunluluk olmadıkça câmiye geremez.

Ayrıca kadınlar, adet gördükleri günlerde ve lohusalık hallerinde oruç tutamazlar.

Gusül yapmayı gerektiren haller olmasa bile cuma ve bayram günlerinde gusletmek, (yani yıkanmak) sünnettir.

Guslün Farzları

Guslün farzları üçtür:

1) Ağıza su alıp boğaza kadar çalkalamak,

2) Buruna su çekip yıkamak,

3) Bütün vücudu (iğne ucu kadar kuru yer bırakmayarak yıkamak.)

---

* Bu konuda geniş ve ayrıntılı bilgi için, Türkiye Diyanet Vakfı Yayınları'ndan "Açıklamalı İbadet Rehberi" adlı kitaba bakınız.

Guslün Sünnetleri

Guslün Başlıca Sünnetleri Şunlardır:

1) Gusle besmele ile başlamak,

2) Gusle niyet etmek,

3) Bedenin herhangi bir yerinde pislik varsa önceden onları yıkayıp temizlemek,

4) Edep yerlerini yıkamak,

5) Gusle başlamadan önce abdest almak,

6) Abdestten sonra, evvela üç defa başa, sonra üç defa sağ omuza, üç defa sol omuza su dökerek yıkanmak ve suyu her döküşte bedenin her tarafına ulaştırmak,

7) Suyu dökünce bedeni ovmak,

8) Ayağının bulunduğu yere su birikiyorsa, abdest alırken ayaklarını yıkamayı sonraya bırakmak.

Gusül Nasıl Yapılır?

Gusül yapacak olan bir kimse önce besmele okur ve yıkanmaya niyet eder. Ellerini bileklere kadar yıkadıktan sonra edep yerlerini yıkayıp temizler.

Bundan sonra sağ avucu ile ağzına üç kere su alır ve her defasında boğazına kadar ağzının içini iyice çalkalar. Oruçlu ise boğazına su kaçmamasına dikkat eder, sonra sağ avucu ile burnuna üç kere su çekip her defasında sol eli ile sümkürür ve burnunu temizler.

Bundan sonra yukarıda anlattığımız gibi abdest alınır. Abdest bitince evvela üç defa başına, daha sonra üç defa sağ omuzuna, üç defa da sol omuzuna su dökerek yıkanır. Suyu her döküşte ellerinin erebildiği yere kadar vücudunu ovuşturur. İğne ucu kadar kuru yer bırakmamak üzere vücudunun her tarafını üç defa iyice yıkar.

Yıkanırken;

Göbek boşluğu, kulakların iç kıvrımları, küpe delikleri, diş araları, bıyık, saç ve sakal ile bunların diplerinin ıslanmasına özellikle dikkat edilir. Gusülde dua okunmaz, üzerinde bir örtü yoksa kıbleye dönülmez ve gereksiz yere konuşulmaz. İşte farzlarına ve sünnetlerine riayet edilerek yapılan gusül budur.

Gusül yapması gereken bir kimse, ağzına ve burnuna su alıp iyice çalkaladıktan sonra akar bir suya, denize veya büyük bir havuza girerek vücudunun her tarafını ıslatırsa gusül yapmış olur.

Teyemmüm

Niyet ederek, temiz toprak veya toprak cinsinden bir şeye, ellerini vurup yüzünü ve kollarını meshetmeye teyemmüm denir. Abdest almak veya gusül yapmak için su bulunmadığı zaman teyemmüm etmek, abdest ve gusül yerine geçer.

Teyemmümün Farzları

Teyemmümün Farzları İkidir.

1) Niyet etmek;

2) Elleri temiz bir toprağa veya toprak cinsinden bir şeye iki defa vurup birinci vuruşta yüzleri, ikincisinde kolları meshetmek.

Farzlardan başka teyemmümün sünnetleri de vardır.

Teyemmüm Nasıl Yapılır?

Önce besmele okunur. Ne için teyemmüm edilecekse ona niyet edilir. Parmaklar açık bir halde eller temiz toprağa veya toprak cinsinden bir şeye bir defa vurulur, eller fazla tozlanmış ise yan yana getirilerek birbirine hafifçe vurulup tozlar silkelenir.

Sonra ellerin içi ile yüzlerin tamamı bir kere meshedilir.

Eller tekrar toprağa vurularak sol elinin içi ile sağ kol dirseklerle beraber; sağ elin içi ile de sol kol dirseklerle beraber meshedilir.

Teyemmümü Bozan Şeyler:

1) Abdesti bozan şeyler teyemmümü de bozar.

2) Abdest ve gusül için su bulunur ve bu suyu kullanmak mümkün olursa teyemmüm bozulur.

3) Bir yara veya özürden dolayı vücuduna su dokunduramadığı için teyemmüm etmek zorunda kalan kimsenin bu özürü ortadan kalkınca teyemmüm bozulur.

Teyemmüm Hangi Hallerde Yapılır?

1) Abdest alacak veya gusül yapacak kadar temiz su bulunmadığı hallerde,

2) Su bulunduğu halde suyun kullanılması mümkün olmadığı durumlarda,

3) Bedenin tamamı veya çoğu yara olup suyu kullanmanın zararlı olduğu durumlarda.

Teyemmüm, sevgili peygamberimize ve biz müslümanlara ibadetlerimizi yapabilmemiz için Yüce Allah'ın ihsan ettiği bir kolaylıktır.

Namaz

Namaz

İslâmın beş şartından birincisi "Kelime-i şahadet" getirmek, ikincisi namaz kılmaktır.

Namaz ruhu temizleyen, insanı Allah'ın huzuruna yükselten bir ibadettir. Sevgili Peygamberimiz, "***Namaz dinin direğidir***"[1] buyurarak, namazın dinimizde çok önemli bir yeri olduğunu bildirmiştir.

Namaz bize ruh ve beden temizliği kazandırır. Bu sayede müslüman günah kirlerinden arınır ve cennete girmeye lâyık bir kul olur.

Şuurlu olarak kılınan bir namaz kalblere Allah korkusunu yerleştirir ve insanı günah işlemekten korur. Namaz imanı güçlendirir, Allah'ın rızasını kazandırır. Cennetin aydınlık yolunun açılmasına vesile olur.

Müslüman namaz kılmakla yükümlü olduğu gibi çocuklarına da namazı öğretmekle yükümlüdür. Peygamber Efendimiz şöyle buyuruyor:

"***Çocuklarınıza yedi yaşına geldiklerinde namaz kılmasını emredin***"[2]

Çocuklar yedi yaşından itibaren namaz kılmayı, namazda okunan sûre ve duaları öğrenirlerse, erginlik çağına gelince namaza iyice alışmış ve böylece hem kendileri, hem de anne ve babaları sorumluluktan kurtulmuş olur.

---

1 Keşfû'l-hafa, C.2, S.31

2 a.g.e., C.2, S.293

Namaz Kimlere Farzdır?

Bir insana namazın farz olabilmesi için üç şartın bulunması gerekir:

1. Müslüman olmak,
2. Ergenlik çağına gelmiş olmak,
3. Akıllı olmak.

Namaz Vakitleri

Günde beş vakit namaz vardır: Bunlar **Sabah, Öğle, İkindi, Akşam** ve **Yatsı** namazlarıdır. Bu namazların her birinin belirli vakitleri vardır. Her namazın kendi vaktinde kılınması şarttır. Vaktinden önce bir namazı kılmak caiz olmadığı gibi özürsüz olarak namazı vaktinden sonraya bırakmak da büyük günahtır.

Namaz Çeşitleri

Namazlar başlıca üç çeşittir:

1. Farz namazlar,
2. Vacib namazlar,
3. Nafile namazlar. (Sünnet ve mendup namazlar da Nâfile'ye dahildir.)

Namaz Kılınması Caiz Olmayan Vakitler

Günün bazı vakitlerinde **farz, vacib** ve **nafile** hiçbir namaz kılınmaz. Bunlara mekruh vakitler denir. Bu vakitler üçtür:

1. Güneş doğarken,
2. Güneş tam tepe noktasına gelip batı tarafına geçmeden,
3. Güneş batarken.

Sadece o günün ikindi namazının farzı kılınmamış ise güneş batarken de kılınır.

Farz Namazlar

Bunlar beş vakit namaz ile Cuma ve Cenaze namazlarıdır. Vaktinde edâ edilmemiş olan beş vakit namazın kazası da farzdır.

Beş Vakit Namaz:

1. **Sabah Namazı:** 4 rêk'attır.
   2 rêk'at sünnet, 2 rêk'at farz.
2. **Öğle Namazı:** 10 rêk'attır.
   4 rêk'at ilk sünnet, 4 rêk'at farz, 2 rêk'at son sünnet.
3. **İkindi Namazı:** 8 rêk'attır.
   4 rêk'at sünnet, 4 rêk'at farz.
4. **Akşam Namazı:** 5 rêk'attır.
   3 rêk'at farz, 2 rêk'at sünnet.
5. **Yatsı Namazı:** 10 rêk'attır.
   4 rêk'at ilk sünnet, 4 rêk'at farz, 2 rêk'at son sünnet.

Beş Vakit Namazdan Başka Farz Olan Namazlar

1. **Cuma Namazı:** 10 rêk'attır.
   4 rêk'at ilk sünnet, 2 rêk'at farz, 4 rêk'at son sünnet.
2. **Cenaze Namazı:** Farz-ı kifayedir.

Vacip Namazlar

1. **Vitir Namazı:** 3 rêk'attır.
2. **Ramazan Bayramı Namazı:** 2 rêk'attır.
3. **Kurban Bayramı Namazı:** 2 rêk'attır.

Nafile Namazlar

Farz ve vaciplerden başka kılınan namazlara "Nafile namazlar" denir. Nafile Namazlar İkiye Ayrılır:

1. Farz namazlarına bağlı olarak kılınan nafile namazlar:

Bunlar, farzlardan önce ve sonra kılınan sünnetler ile Ramazan gecelerinde kılınan ve Müekked bir sünnet olan Teravih namazıdır.

2. Farz namazlarına bağlı olmayarak kılınan nafile namazlar:

Bunlara Müstehab veya Mendup namazlar da denir. Bunlar, bazı vakitlerde sevap kazanmak niyetiyle kılınan namazlardır.

Bazıları şunlardır:

a. Kuşluk Namazı: Güneş doğup, mekruh olan vakit geçtikten sonra en az iki, en çok oniki rêk'at olarak kılınan namazlardır.

b. Teheccüd Namazı: Gece yarısından sonra kılınan en az iki, en çok sekiz rêk'at namazdır.

c. Tahiyyetü'l-Mescid: Câmiler ziyaret edildiği sırada (mekruh vakit değilse) kılınan iki rêk'at namazdır.

Namazın Farzları

Namazın farzları 12'dir. Bunlardan altısı namazın dışındadır, bunlara "Namazın Şartları" denir. Altısı da namazın içindedir. Bunlara da "Namazın Rükünleri" denir.

Namazın sahih olabilmesi için oniki farzın eksiksiz olarak yerine getirilmesi gerekir.

Namazın Şartları

1. Hadesten Tahâret: Hades denilen manevi kirin giderilmesi için abdest almak, gerekli hallerde gusül yapmaktır.

2. Necâsetten Tahâret: Namaz kılacak kişinin, bedeninde, üzerindeki elbisede ve namaz kılacağı yerde pislik varsa bunları temizlemektir.

3. Setr-i Avret: Namaz kılacak kişinin vücudunda örtünmesi gereken yerleri örtmesi demektir.

Erkeklerde: Göbek ile diz kapağı arası (dizkapağı dahil)

Kadınlarda: Yüz, el ve ayaklardan başka vücudunun her tarafının örtülü olması gerekir.

4. İstikbâl-i Kıble: Namazı kıbleye dönerek kılmaktır. Kıble, Mekke şehrinde yeryüzünde Allah'a ibadet maksadıyla yapılan ilk kutsal bina olan Kâbe'dir. Kâbe, Allah'ın emriyle Hz. İbrahim ve Hz. İsmail tarafından yapılmıştır.

5. Vakit: Namazları kendi vakitleri içinde kılmaktır. Vakti gelmeden bir namazı kılmak caiz değildir.

6. Niyet: Hangi namazı kıldığını bilmek ve kalbinde hatırlamaktır. Niyetin dil ile söylenmesi sünnettir.

Namazın Rukünleri

1. İftitah Tekbiri: Namaza başlarken tekbir almak demektir.

2. Kıyam: Namazda ayakta durmak demektir.

3. Kıraat: Namazda ayakta iken biraz Kur'an okumaktır.

4. Rukû: Namazda eller dizkapağına erişecek kadar eğilmektir.

5. Sucüd: Rukû'dan sonra ayaklar, dizler ve ellerle beraber alnı yere koymaktır.

6. Ka'de-i Ahîre: Son rêk'atin secdelerini yaptıktan sonra, *"Ettehiyyâtü"* okuyacak kadar oturmaktır. Buna "son oturuş" denir.

Bu saydığımız farzlardan başka namazın vacipleri, sünnetleri ve adabı da vardır. Namaz, farzlarla birlikte bunların da yerine getirilmesi ile tam ve eksiksiz bir namaz olur.

Bunları "Resimlerle Namazın Kılınışı" bölümünde de uygulamalı olarak gösterdik.

Namazın Vacibleri

1. Namaza "Allâhü Ekber" sözü ile başlamak.
2. Farz namazlarının ilk iki rêk'atında, nafile namazlarının her rêk'atında Fatiha sûresini okumak.
3. Farz namazlarının ilk iki rêk'atında, vitir ve nafile namazlarının her rêk'atında Fatiha'dan sonra sûre veya ayet okumak.
4. Fatiha'yı sûreden önce okumak,
5. Secdede alnı ile beraber burnunu da yere koymak.
6. Üç ve dört rêk'atlı namazların ikinci rêk'atında oturmak (buna ka'de-i ûlâ=birinci oturuş denir.)
7. Namazlardaki birinci oturuş ile son oturuşlarda Ettehıyyatü'yü okumak.
8. Cemaatle kılındığı zaman sabah, cuma, bayram, teravih ve vitir namazlarının her rêk'atında, akşam ve yatsı namazlarının ilk iki rêk'atında imamın fatiha ve sûreyi açıktan, öğle ve ikindi namazlarında ise, gizlice okuması.
9. İmama uyan cemaatın fatiha ve sûreyi okumayıp susması.
10. Vitir namazında kunut tekbiri almak ve kunut duâlarını okumak.
11. Bayram namazlarında ilâve tekbirleri almak.
12. Ta'dili erkân, yani ayakta, rukû ve secdelerde organların sükûnet halinde olması, rukûdan kalkınca iyice doğrulmak ve burada "Sübhanellâh" diyecek kadar durmak, iki secde arasında da "Sübhanellâh" diyecek kadar oturmak.
13. Namazın sonunda sağa ve sola selâm vermek.
14. Namazda yanılma olursa sehiv secdesi yapmak.

Namazın Sünnetleri

1. Her namazın başlama tekbirinde, vitir namazının kunut tekbirinde ve bayram namazlarının ilâve tekbirlerinde elleri kaldırmak. (Erkekler, ellerinin başparmağı kulak yumuşağına gelecek şekilde; Kadınlar, parmak uçları omuz hizasına gelecek şekilde ellerini kaldırırlar.)
2. Beş vakit namaz ile cuma namazı için ezan okumak ve ikamet getirmek (kadınlar için ezan ve ikamet sünnet değildir).
3. Sübhaneke okumak.
4. İlk rêk'atta Sübhaneke'den sonra Eûzü-Besmele, diğer rêk'atlarda Fatiha'dan önce besmele okumak.
5. Sübhaneke, Eûzü-Besmeleyi gizlice okumak.
6. Üç ve dört rêk'atlı farz namazların üçüncü ve dördüncü rêk'atlarında Fatiha okumak,
7. Fatiha okununca hem imamın, hem de cemaatın gizlice amin demesi,
8. İftitah tekbirinden başka namaz içindeki bütün tekbirler,
9. Rukü'dan kalkarken "Semiallâhü limen hamideh", bunun arkasından da "Rabbenâ leke'l-hamd" demek.
10. Rukü'da üç kere "Sübhâne Rabbiye'l-azîm" ve secdelerin herbirinde üçer kere "Sübhâne Rabbiye'l-âlâ" demek.
11. Kıyamda iken ayakların arası dört parmak kadar açık olmak.

12. Rukü'da dizlerini elleri ile tutmak ve tutarken ellerin parmakları açık olmak. (Kadınlar parmaklarını açmaz ve dizlerini tutmazlar, sadece ellerini dizleri üzerine koyarlar.)
13. Rukü'da dizlerini ve dirseklerini düz tutup bükmeden arkasını dümdüz yapmak. (Kadınlar ise dizlerini bükük ve arkalarını biraz yukarıya meyilli bulundururlar.)
14. Secdeye varırken yere önce dizlerini, sonra ellerini daha sonra yüzünü koymak; secdeden kalkarken önce yüzünü, sonra ellerini, daha sonra dizleri üzerine ellerini koyarak dizlerini yerden kaldırmak.
15. Oturuşlarda elleri uylukları üzerine koymak.
16. Otururken sol ayağını yere yayıp üstüne oturmak ve sağ ayağını dikerek parmaklarını kıbleye karşı getirmek. (Kadınlar ayaklarını sağ tarafa yatık olarak çıkarıp kalça üzerine otururlar.)
17. Son oturuşta "Ettehiyyâtü"dan sonra Allâhümme Salli ve Allâhümme Bârik ile dua okumak. (Rabbena âtina... duası)
18. Selâm verirken başını evvela sağa, sonra sola çevirmek.
19. Selâmda "Esselâmü aleyküm ve rahmetüllâh" demek.

Namazı Bozan Şeyler

1. Namazda konuşmak,
2. Bir şey yemek veya içmek,
3. Kendi işiteceği kadar gülmek (yanındakilerin işiteceği kadar gülerse abdesti de bozulur.)
4. Birine selâm vermek veya verilen selâmı almak.
5. Göğsünü kıbleden çevirmek.
6. Dünyaya ait bir şeyden veya bir ağrıdan dolayı ağlamak "Ah" demek. (Allah korkusundan dolayı ağlamak namazı bozmaz.)
7. Öksürüğü yok iken öksürmeye çalışmak. (Elde olmayarak normal gelen öksürük namazı bozmaz.)
8. Namazda bir iş yapmaya çalışmak, bir şeye üflemek.
9. Kur'ân-ı, mânası bozulacak şekilde yanlış okumak.
10. Ayeti mushafın yüzünden okumak.
11. Namazda abdesti bozulmak.
12. Teyemmüm eden kimsenin namazda suyu görüp kullanmaya muktedir olması, mesh müddetinin namazda bitmesi.

Resimlerle Namazın Kılınışı

Namazın Kılınışı

Kitabımızda örnek olarak sabah namazının sünnetinin kılınışı resimlerle açıklanmış, erkek ve kadınların farklı hareketleri gösterilmiştir.

Namazlar arasındaki hareketler arasında önemli bir fark olmadığından burada sabah namazının iki rêk'at olan sünnetinin resimlerle anlatılması yeterli görülmüş, diğer namazların anlatılmasında resime gerek duyulmamıştır.

Burada farz ve vaciplerine, sünnet ve adabına riayet edilerek bir namazın kılınışını resimlerle uygulamalı olarak göreceğiz.

Şimdi sabah namazının sünnetinin nasıl kılındığını resimlerle takip edelim:

Birinci Rêk'at*

1. Ayakların arası dört parmak açıklıkta ve parmak uçları kıbleye doğru gelecek şekilde ayakta kıbleye dönülür.

2. "Niyet ettim Allah rızası için bugünkü sabah namazının sünnetini kılmaya" diye niyet edilir.

3. *"Allâhü Ekber"* diyerek iftitah tekbiri alınır.

Erkekler tekbir alırken; ellerin içi kıbleye karşı ve parmaklar normal açıklıkta bulunur. Başparmaklar, kulak yumuşağı hizasına gelecek şekilde eller yukarıya kaldırılır.

Kadınlar tekbir alırken; ellerinin içi kıbleye karşı, parmaklar normal açıklıkta ve parmak uçları omuz hizasına gelecek şekilde ellerini yukarıya kaldırırlar.

* Rêk'at: Namazın kıyam (ayakta durmak) rukû' ve secdelerden oluşan her bölümüne rêk'at denir.

4. Tekbirden sonra eller bağlanır. Ayakta iken secde edilecek yere bakılır.

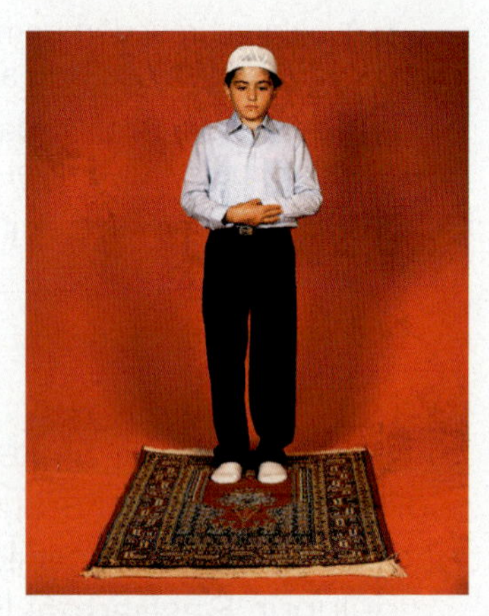

Erkekler sağ elin avucu sol elin üzerinde ve sağ elin baş ve küçük parmakları sol elin bileğini kavramış olarak ellerini göbek altında bağlarlar.

Kadınlar sağ el sol elin üzerinde olacak şekilde ellerini göğüs üstüne koyarlar. Erkeklerde olduğu gibi sağ elin parmakları ile sol elin bileğini kavramazlar.

5. Ayakta sırasıyla;
   a. Sübhâneke
   b. Eûzü-Besmele
   c. Fâtiha sûresi.
   d. Kur'an'dan bir sûre okunur. (Namazda okunan dûalar ve bazı sûreler kitabın sonuna konulmuştur.)

6. *"Allâhü Ekber"* diyerek rükûa varılır ve burada üç defa *"Sübhâne Rabbiye'l-azîm"* denilir. Rükû'da iken ayakların üzerine bakılır.

Erkekler rükûda, parmakları açık olarak elleri ile dizlerini tutup sırtını dümdüz yaparlar. Dizlerini ve dirseklerini dik tutarlar.

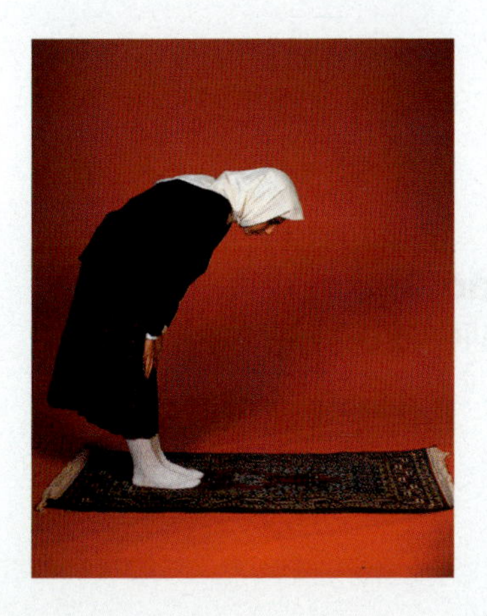

Kadınlar rükûda, sırtlarını biraz meyilli tutarak erkeklerden daha az eğilirler. Ellerini, (parmaklarını açmayarak) dizleri üzerine koyarlar ve dizlerini biraz bükük bulundururlar.

7. *"Semiallâhü limen hamideh"* diyerek rükûdan kalkılır ve ayakta *"Rabbenâ leke'l-hamd"* denilir.

Erkeklerin rükûdan kalkıp doğrulması.

Kadınların rükûdan kalkıp doğrulması.

8. *"Allahü Ekber"* diyerek secdeye varılır. Secdeye inerken önce dizler, sonra eller, daha sonra da alın ve burun yere konur. Secdede baş iki elin arasında ve hizasında bulunur. Secdede iken ayaklar kaldırılmaz. Secdede burun kenarlarına bakılır. Burada üç kere *"Sübhâne Rabbiye'l-A'lâ"* denilir.

Erkekler secdede dirseklerini yanlarından uzak, kollarını yerden kalkık bulundururlar. Ayaklar, parmaklar üzerine dik tutulur ve parmak uçları kıbleye gelecek şekilde yere konur.

Kadınlar secdede kollarını yanlarına bitişik halde bulundururlar. Ayakları parmaklar üzerine dik tutarlar ve parmak uçları kıbleye gelecek şekilde yere konur.

9. "Allâhü Ekber" diyerek başını secdeden kaldırıp diz üstü oturulur. otururken, parmaklar dizlerin hizasına gelecek şekilde eller uylukların üzerine konur ve kucağa bakılır. Burada "Sübhânellâh" diyecek kadar kısa bir an oturulur.

Erkekler sol ayağını yere yayarak onun üzerine oturur. Sağ ayak, parmakları kıbleye yönelmiş durumda dik tutulur.

Kadınlar ayaklarını yatık olarak sağ tarafına çıkarır ve öylece otururlar.

10. *"Allâhü Ekber"* diyerek ikinci defa secdeye varılır ve üç kere *"Sübhâne Rabbiye'l-A'lâ* denilir.

Erkekler
İkinci secdenin yapılışı

Kadınlar
İkinci secdenin yapılışı

11. *"Allâhü Ekber"* diyerek secdeden ayağa (ikinci rêk'ata) kalkılır ve eller bağlanır.

İkinci Rekât:

1. Ayakta sırasıyla:
   a. Besmele,
   b. Fatiha,
   c. Bir sûre,
   okunur.

Erkeklerin ayakta duruşu

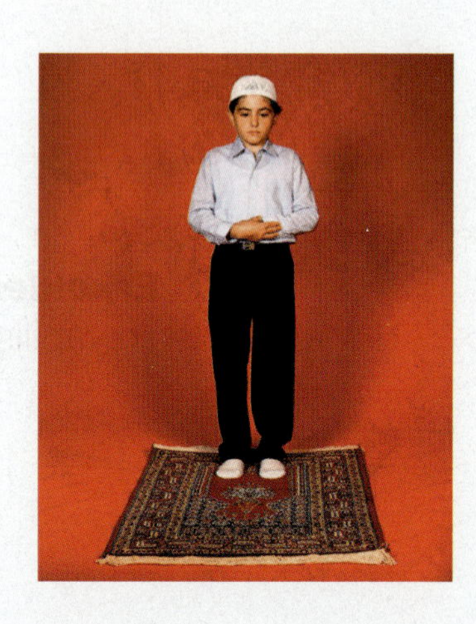

Kadınların ayakta duruşu

2. Birinci rekâtta olduğu gibi *"Allâhü Ekber"* diyerek rükûa varılır ve üç kere *"Sübhâne Rabbiye'l-azîm"* denilir.

Erkekler
Rükû'un yapılışı

Kadınlar
Rükû'un yapılışı

3. *"Semiallâhü limen hamideh"* diyerek rükûdan ayağa kalkılır ve ayakta *"Rabbenâ leke'l-hamd"* denilir.

Erkeklerin rükûdan kalkıp doğrulması

Kadınların rükûdan kalkıp doğrulması

4. *"Allâhü Ekber"* diyerek secdeye varılır. Burada üç kere *"Sübhâne Rabbiye'l-A'lâ* denilir.

Erkekler
Secdenin yapılışı

Kadınlar
Secdenin yapılışı

5. *"Allâhü Ekber"* diyerek secdeden kalkılıp oturulur ve burada *"Sübhânellâh"* diyecek kadar kısa bir an oturulur.

Erkekler
İki secde arası oturuş

Kadınlar
İki secde arası oturuş

6. Sonra *"Allâhü Ekber"* diyerek ikinci defa secdeye varılır ve üç kere *"Sübhâne Rabbiye'l-A'lâ"* denilir.

Erkekler
İkinci secdenin yapılışı

Kadınlar
İkinci secdenin yapılışı

7. *"Allâhü Ekber"* diyerek secdeden kalkılıp oturulur. Otururken, el parmakları dizlerin hizasına gelecek şekilde uylukların üzerine konur ve kucağa bakılır.

8. Oturuşta sırasıyla;
a. *Ettehıyyâtü,* **b.** *Allâhümme salli,*
c. *Allâhümme bârik,* **d.** *Rabbenâ âtina*
duaları okunur

Erkekler sol ayağını yere yayarak onun üzerine oturur, sağ ayak parmakları kıbleye yönelmiş durumda dik tutulur.

Kadınlar ayaklarını yatık olarak sağ tarafa çıkarır ve öylece otururlar.

9. Önce başını sağa çevirerek *"Esselâmü aleyküm ve rahmetullâh"* denir. Selâm verirken omuzlara bakılır.

Erkeklerin sağ tarafa selam verişi

Kadınların sağ tarafa selâm verişi

10. Sonra başını sola çevirerek *"Esselâmü aleyküm ve rahmetüllâh"* denilir. Böylece iki rêk'at namaz tamamlanmış olur.

Erkeklerin sol tarafa selâm verişi

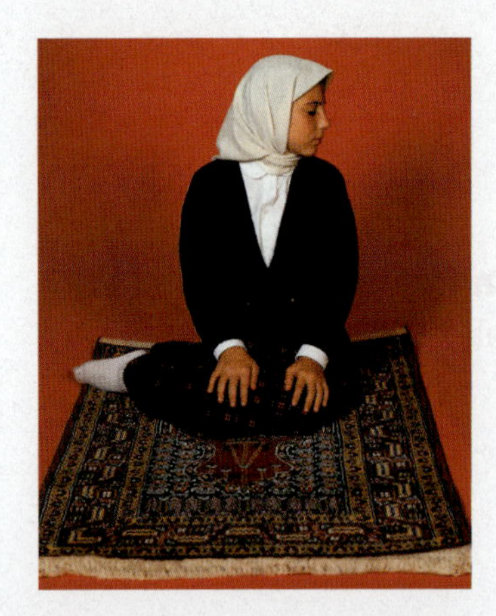

Kadınların sol tarafa selâm verişi

DÛA

Dûa ederken, eller göğüs hizasına kaldırılır. Eller göğe doğru açılarak avuçların içi yüze doğru biraz meyilli tutulur ve iki elin arası açık bulundurulur.

Erkekler
Duâ eden bir erkek çocuğu

Kadınlar
Dûa eden bir kız çocuğu

CAMİYİ TANIYALIM

Câmiler müslüman toplumların ayrılmaz parçası, islâm ülkelerinin simgesidir.

Câmi: Müslümanların topluca namaz kıldıkları, ibadet ettikleri binaya câmi denir.

Mescid: Namaz kılınan yer anlamınadır. Ülkemizde küçük câmilere mescid denir.

Câmi'nin Bölümleri

Mihrab : Câmilerde kıble yönünde bulunan ve imamın namaz kıldırırken durduğu girintili bölüm.

Minber : Câmilerde imamın cuma ve bayram hutbelerini okuduğu yüksekçe merdivenli yer.

Kürsü : Câmilerde va'z edilen yüksekçe oturma yeri.

Minare : Câmilerin bitişiğinde ezan okumak için yapılan kule şeklinde yüksek yapı.

Şerefe : Minarelerde çepeçevre ve çıkıntılı olarak yapılan ezan okuma yeri. Buraya minarenin içindeki basamaklarla çıkılır. Minarelerde bir veya iki ya da üç şerefe olabilir.

Alem : Minarenin tepesine yerleştirilen hilal (ay) şeklindeki tepelik.

5 Vakit Namazın Tablolar Halinde Gösterilişi

SABAH NAMAZI

Toplam 4 rekât
2 rêk'at sünnet, 2 rêk'at farz.

Sabah Namazının Sünneti

1. REKAT	2. REKAT
Niyet	Besmele
Tekbir	Fâtiha
Sübhâneke	Bir sûre
Eûzü-Besmele	Rükû
Fâtiha	Secde (2 defa)
Bir sûre	Oturuş:
Rükû	Ettehıyyât
Secde (2 defa)	Allahümme Salli ve Bârik
	Rabbenâ duaları
	Selam

Sabah Namazının Farzı

1. REKAT	2. REKAT
İkamet* (Erkekler için) Niyet Tekbir Sübhâneke Eûzü-Besmele Fâtiha Bir sûre Rükû Secde (2 defa)	Besmele Fâtiha Bir sûre Rükû Secde (2 defa) Oturuş: Ettehıyyât Allahümme Salli ve Bârik Rabbenâ duaları Selam

** İkamet Şudur:*

Allâhü ekber - Allâhü ekber
Allâhü ekber - Allâhü ekber

Eşhedü en lâ ilâhe İllellah
Eşhedü en lâ ilâhe İllellah

Eşhedü enne Muhammeden Resûlüllah
Eşhedü enne Muhammeden Resûlüllah

Hayye ale's-salâh, Hayye ale's-salâh
Hayye ale'l-felâh, Hayye ale'l-felâh

Kad kamet'is-salâh
Kad kamet'is-salâh

Allahü ekber, Allahü ekber
Lâ ilâhe illellah

ÖĞLE NAMAZI

Toplam 10 rêk'at.

4 rêk'at ilk sünnet, 4 rêk'at farz, 2 rêk'at son sünnet

Öğle Namazının İlk Sünneti

1. REKAT	2. REKAT	3. REKAT	4. REKAT
Niyet Tekbir Sübhâneke Eûzü-Besmele Fâtiha Bir sûre Rükû Secde (2 defa)	Besmele Fâtiha Bir sûre Rükû Secde (2 defa) 1. Oturuş: Ettehıyyât	Besmele Fâtiha Bir sûre Rükû Secde (2 defa)	Besmele Fâtiha Bir sûre Rükû Secde (2 defa) Son Oturuş: Ettehıyyât Allahümme Salli ve Bârik Rabbenâ duaları Selam

Öğle Namazının Farzı

1. REKAT	2. REKAT	3. REKAT	4. REKAT
İkamet (Erkekler için) Niyet Tekbir Sübhâneke Eûzü-Besmele Fâtiha Bir sûre Rükû Secde (2 defa)	Besmele Fâtiha Bir sûre Rükû Secde (2 defa) 1. Oturuş: Ettehıyyât	Besmele Fâtiha Rükû Secde (2 defa)	Besmele Fâtiha Rükû Secde (2 defa) Son Oturuş: Ettehıyyât Allahümme Salli ve Bârik Rabbenâ duaları Selam

Öğle Namazının Son Sünneti

1. REKAT	2. REKAT
Niyet	Besmele
Tekbir	Fâtiha
Sübhâneke	Bir sûre
Eûzü-Besmele	Rükû
Fâtiha	Secde (2 defa)
Bir sûre	Oturuş:
Rükû	Ettehıyyât
Secde (2 defa)	Allahümme Salli ve Bârik
	Rabbenâ duaları
	Selam

İKİNDİ NAMAZI

Toplam 8 rêk'at.
4 rêk'at sünnet, 4 rêk'at farz

İkindi Namazının Sünneti*

1. REKAT	2. REKAT	3. REKAT	4. REKAT
Niyet Tekbir Sübhâneke Eûzü-Besmele Fâtiha Bir sûre Rükû Secde (2 defa)	Besmele Fâtiha Bir sûre Rükû Secde (2 defa) 1. Oturuş: Ettehıyyât Allahümme Salli ve Bârik	Sübhaneke Eüzü-Besmele Fâtiha Bir sûre Rükû Secde (2 defa)	Besmele Fâtiha Bir sûre Rükû Secde (2 defa) Son Oturuş: Ettehıyyât Allahümme Salli ve Bârik Rabbenâ duaları Selam

İkindi Namazının Farzı

1. REKAT	2. REKAT	3. REKAT	4. REKAT
İkamet (Erkekler için) Niyet Tekbir Sübhâneke Eûzü-Besmele Fâtiha Bir sûre Rükû Secde (2 defa)	Besmele Fâtiha Bir sûre Rükû Secde(2 defa) 1. Oturuş: Ettehıyyât	Besmele Fâtiha Rükû Secde (2 defa)	Besmele Fâtiha Rükû Secde (2 defa) Son Oturuş: Ettehıyyât Allahümme Salli ve Bârik Rabbenâ duaları Selam

* İkindi namazının sünneti ile yatsının ilk sünneti gayr-i müekked sünnetdirler. Bunlar da, öğlenin ilk sünnetinden farklı olarak 1. oturuşta tahiyyattan sonra Allahümme salli ve Allahümme barik okunur, üçüncü rêk'ata kalkınca da önce sübhaneke sonra Eûzü-besmele ile fatihaya başlanır.

AKŞAM NAMAZI

Toplam 5 rêk'at.
3 rêk'at farz, 2 rêk'at sünnet

Akşam Namazının Farzı

1. REKAT	2. REKAT	3. REKAT
İkamet (Erkekler için)	Besmele	Besmele
Niyet	Fâtiha	Fâtiha
Tekbir	Bir sûre	Rükû
Sübhâneke	Rükû	Secde (2 defa)
Eûzü-Besmele	Secde(2 defa)	Son Oturuş
Fâtiha	1.Oturuş:	Ettehıyyât
Bir sûre	Ettehıyyât	Allahümme Salli
Rükû		ve Bârik
Secde (2 defa)		Rabbenâ duaları
		Selam

Akşam Namazının Sünneti

1. REKAT	2. REKAT
Niyet	Besmele
Tekbir	Fâtiha
Sübhâneke	Bir sûre
Eûzü-Besmele	Rükû
Fâtiha	Secde (2 defa)
Bir sûre	Oturuş:
Rükû	Ettehıyyât
Secde (2 defa)	Allahümme Salli
	ve Bârik
	Rabbenâ duaları
	Selam

YATSI NAMAZI

Toplam 10 rêk'at.

4 rêk'at ilk sünnet, 4 rêk'at farz, 2 rêk'at son sünnet

Yatsı Namazının İlk Sünneti

1. REKAT	2. REKAT	3. REKAT	4. REKAT
Niyet Tekbir Sübhâneke Eûzü-Besmele Fâtiha Bir sûre Rükû Secde (2 defa)	Besmele Fâtiha Bir sûre Rükû Secde (2 defa) 1. Oturuş: Ettehıyyât Allahümme Salli ve Bârik	Sübhaneke Eüzü-Besmele Fâtiha Bir sûre Rükû Secde (2 defa)	Besmele Fâtiha Bir sûre Rükû Secde (2 defa) Son Oturuş: Ettehıyyât Allahümme Salli ve Bârik Rabbenâ duaları Selam

Yatsı Namazının Farzı

1. REKAT	2. REKAT	3. REKAT	4. REKAT
İkamet (Erkekler için) Niyet Tekbir Sübhâneke Eûzü-Besmele Fâtiha Bir sûre Rükû Secde (2 defa)	Besmele Fâtiha Bir sûre Rükû Secde(2 defa) 1. Oturuş: Ettehıyyât	Besmele Fâtiha Rükû Secde (2 defa)	Besmele Fâtiha Rükû Secde (2 defa) Son oturuş: Ettehıyyât Allahümme Salli ve Bârik Rabbenâ duaları Selam

YATSI NAMAZI

Yatsı Namazının Son Sünneti

1. REKAT	2. REKAT
Niyet Tekbir Sübhâneke Eûzü- Besmele Fâtiha Bir sûre Rükû Secde (2 defa)	Besmele Fâtiha Bir sûre Rükû Secde (2 defa) Oturuş: Ettehıyyât Allahümme Salli ve Bârik Rabbenâ duaları Selam

VİTİR NAMAZI*

3 rêk'at olan bu namazın vakti yatsı namazının kılınmasından sonra başlar, sabah namazı vaktinin girmesine kadar devam eder.

1. REKAT	2. REKAT	3. REKAT
Niyet Tekbir Sübhâneke Eûzü-Besmele Fâtiha Bir sûre Rükû Secde (2 defa)	Besmele Fâtiha Bir sûre Rükû Secde(2 defa) 1. Oturuş: Ettehıyyât	Besmele Fâtiha Bir sûre Tekbir Kunut Duaları Rükû Secde (2 defa) Son Oturuş: Ettehıyyât Allahümme Salli ve Bârik Rabbenâ duaları Selam

* Vitirde diğer namazlardan farklı olarak üçüncü rêk'atta fatiha ve sûre okunduktan sonra hemen rükua varılmaz, "Allahu Ekber" denilerek eller yukarıya kaldırılıp bağlanır ve kunut duaları okunur, sonra tekbir alınarak rukua gidilir.

TERAVİH NAMAZI

Teravih namazı yirmi rêk'attır. Erkekler ve kadınlar için sünnet-i müekkededir. Ramazan ayında kılınır. Hastalık veya yolculuk sebebiyle oruç tutamayan kimseler de teravih namazını kılmalıdır. Teravih namazının camide cemaatle kılınması da sünnettir ve sevabı çoktur. Evde de tek başına veya cemaatle kılınabilir. Ancak camide kılmak daha faziletlidir.

Teravih namazının kılınışı:

Teravih namazı yatsı namazından sonra kılınır. Yatsıdan önce kılınması caiz değildir. Vitir namazı Ramazan ayında teravihten sonra kılınır. Teravihten önce de kılınabilir.

Yirmi rêk'at olan teravih namazı her iki rêk'atın sonunda selâm verilerek kılındığı gibi, dört rêk'atta bir selâm verilerek de kılınır. Her iki durumda da namaza devam edilir ve yirmi rêk'at tamamlanır.

İki rêk'atta bir selâm verilerek teravihin cemaatle kılınışı:

Yatsı namazının farzı ve son sünneti kılındıktan sonra teravih namazına başlanır. İmamın arkasında kılan cemaat "Niyet ettim Allah rızazı için teravih namazını kılmaya, uydum imama" diyerek niyet eder ve imamın tekbirinden sonra "Allâhü Ekber" diyerek tekbir alır ve ellerini bağlar.

İmam ve cemaat gizlice sübhanekeyi okur. Cemaat bundan başka ayakta birşey okumaz. İmam gizlice Euzu-Besmele, açıktan da Fatiha ve bir sûre okuyup cemaatle birlikte rukû ve secdeleri yaptıktan sonra ikinci rêk'ata kalkılır.

Burada yine imam gizlice Besmele, açıktan da Fatiha ve bir sûre okuyup rukû ve secdeler yapılarak oturulur.

Bu oturuşta Etttehiyyatü, Allahümme salli, Allahümme bârik ve Rabbenâ duaları okunarak selâm verilir.

Aynı şekilde ikişer rêk'at kılınmaya devam edilir. Ve yirmi rêk'at tamamlanmış olur. Bundan sonra üç rêk'atlı vitir namazı da cemaatle kılınır.

Dört rêk'atta bir selâm verilerek teravihin cemaatle kılınışı:
Yukarıda tarif ettiğimiz gibi niyet edilir ve tekbirle namaza başlanır. İmam ve cemaat gizlice Sübhaneke'yi okuduktan sonra (cemaat başka bir şey okumaz) imam gizlice Eûzü-Besmele, açıktan fatiha ve bir sûre okuyup rukû ve secdeleri yaparak ikinci rekata kalkılır.

Burada imam gizlice Besmeleyi, açıktan fatiha ve bir sûre okuyup rükû ve secdeleri yapar ve otururlar. Bu ilk oturuşta imam ve cemaat Ettehiyyatü, Allahümme salli, Allahümme bârik'i okur ve üçüncü rêk'ata kalkılır.

Üçüncü rekatın başında hem imam, hem de cemaat gizlice Sübhaneke'yi okur. Sonra imam gizlice Eûzü-Besmele, açıktan fatiha ve bir sûre okur. Sonra rükû ve secdeleri yaparak dördüncü rêk'ata kalkılır.

İmam gizlice Besmeleyi açıktan da fatiha ve bir sûre okuduktan sonra yine rükû ve secdeler yapılıp oturulur.

Bu oturuşta da imam ve cemaat Ettehiyyatü, Allahümme salli, Allahümme bârik ve Rabbenâ duaları okuduktan sonra selâm verilir. Böylece teravih namazının ilk dört rekatı kılınmış olur.

Bundan sonra ayağa kalkılarak tıpkı tarif ettiğimiz gibi dörder rêk'at kılınmaya devam edilir. Ve yirmi rêk'at tamamlanır.

Sonra da yine cemaatle vitir namazı kılınır.

Teravih tek başına kılındığı takdirde, iki rêk'atta bir selâm vererek kılan (teravihe niyet eder ve) sabahın sünneti gibi kılar. Dört rêk'atta bir selâm vererek kılan da ikindinin sünneti gibi kılar ve her iki durumda da yirmi rêk'at tamamlanır.

CUMA NAMAZI

Cuma müslümanların kutsal bir günüdür. Bu sebeple müslümanlar, bu günü bir bayram sevinci ile karşılamalı, yıkanıp temizlenerek ve iyi elbiseler giyerek câmiye gitmelidir.

Cuma namazı, dördü ilk sünnet, ikisi farz ve dördü de son sünnet olmak üzere on rêk'attır. Cuma günleri öğle vaktinde kılınır ve o günün öğle namazının yerine geçer. Cuma namazının farzı cemaatle kılınır, tek başına kılınmaz.

Cuma Namazının Kılınışı:

Cuma günü öğle vakti ezan okunduktan sonra, önce dört rêk'at olan ilk sünneti kılınır. Bunun niyeti şöyledir: "*Niyet ettim Allah rızası için bugünkü cuma namazının ilk sünnetini kılmaya.*"

Cumanın ilk sünnetinin kılınışı, aynen öğle namazının dört rêk'at sünneti gibidir. Sünnet kılındıktan sonra caminin içinde bir ezan daha okunur ve imam minbere çıkarak hutbe okur. Hutbe bitince ikamet getirilir ve cumanın iki rêk'at farzı cemaatle kılınır. Îmamın arkasındaki cemaat şöyle niyet eder: "*Niyet ettim Allah rızası için bugünkü cuma namazının farzını kılmaya, uydum imama.*"

Farzdan sonra cumanın dört rêk'at son sünneti kılınır. Bunun kılınışı da cumanın ilk sünneti gibidir. Niyeti şöyledir: "*Niyet ettim Allah rızası için Cumanın son sünnetini kılmaya*"

Cuma namazı böylece tamamlanmış olur.

Bundan sonra dileyen dört rêk'at "Zuhri Ahir=Son öğle namazı" ile, iki rêk'at da vakit sünneti kılar.

Son öğle namazına: "*Niyet ettim Allah rızası için vaktine yetişip henüz kılamadığım son öğle namazını kılmaya.*" diye niyet edilir. Bu son öğle namazı, öğlenin dört rêk'at farzı gibi kılınmakla beraber sünnetlerde olduğu gibi dört rekatın hepsinde fatihadan sonra sûre okunması daha iyidir.

İki rêk'atli vakit sünnetine de şöyle niyet edelir: "*Niyet ettim Allah rızası için vaktin sünnetini kılmaya.*" Bu namaz da sabah namazının sünneti gibi kılınır.

BAYRAM NAMAZLARI

Müslümanların yılda iki dini bayramı vardır.

1) Ramazan bayramı

2) Kurban bayramı

Cuma namazı farz olan kimselere, bayram namazlarını kılmak vaciptir. **Bayram namazı iki rekattır.** Cemaatle kılınır. Bayram namazlarında ezan okumak, ikamet getirmek yoktur. Bayram hutbesi sünnettir ve namazdan sonra okunur. Cuma hutbesi ise farzdır, namazdan önce okunur.

Diğer namazlardan farklı olarak bayram namazlarının birinci rêk'atında üç, ikinci rêk'atında da üç kere olmak üzere fazladan altı tekbir alınır. Bunlara "Zevaid Tekbirleri" denir.

Ramazan Bayramı Namazının Kılınışı:

Birinci Rêk'at

1) Cemaat düzgün sıralar halinde imamın arkasında yeralır ve "*Niyet ettim Allah rızası için Ramazan Bayramı namazını kılmaya, uydum imama*" diye niyet eder.

2) İmam "*Allâhü Ekber*" deyip ellerini yukarıya kaldırınca, cemaat de imamın peşinden "*Allâhü Ekber*" diyerek ellerini yukarıya kaldırıp imamla birlikte bağlar.

3) Hem imam, hem de cemaat gizlice "Sübhâneke"yi okur. Bundan sonra üç kere tekbir alınır. Tekbirlerin alınışı şöyledir:

Birinci Tekbir: İmam yüksek sesle, cemaat da onun peşinden gizlice "*Allâhü Ekber*" diyerek (iftitah tekbirinde olduğu gibi) ellerini yukarıya kaldırıp sonra aşağıya salıverirler. Burada kısa bir süre durulur.

İkinci Tekbir: İkinci defa "*Allahu Ekber*" denilerek eller yukarıya kaldırılıp yine aşağı salıverilir ve burada da birincide olduğu kadar durulur.

Üçüncü Tekbir: Sonra yine "*Allâhü Ekber*" denilerek eller yukarıya kaldırılır ve aşağıya salıverilmeden bağlanır.

4) Bundan sonra imam gizlice "*Eûzü-Besmele*", açıktan fatiha ve bir sûre okur. (Cemaat birşey okumaz, imamı dinler.)

5) Rükû ve secdeler yapılarak ayağa (ikinci rekata) kalkılır ve eller bağlanır.

İkinci Rêk'at

6) İmam gizlice Besmele, açıktan da Fatiha ve bir sûre okur. Sûre bitince imam yüksek sesle, cemaat ise gizlice (hafif sesle) (birinci rêk'atta olduğu gibi) üç kere daha tekbir alırlar, üçüncü tekbirden sonra eller bağlanmadan, dördüncü tekbir ile rukûa varılır, sonra da secdeler yapılarak oturulur.

7) Oturuşta, imam ve cemaat, Ettehiyyatü, Allahümme salli, Allahümme bârik ve Rabbenâ duâlarını okuyarak önce sağa, sonra sola selâm verip namazı bitirirler. Namazdan sonra hutbe okunur.

Kurban Bayramı Namazı:

1) "*Niyet ettim Allah rızası için Kurban Bayramı namazını kılmaya, uydum imama*" diye niyet edilir.

2) İmam "*Allâhü Ekber*" diyerek iftitah tekbirini alınca arkasındaki cemaat da "*Allâhü Ekber*" deyip ellerini yukarıya kaldırdıktan sonra bağlar.

Niyetten sonrası aynen Ramazan Bayramı namazı gibi kılınır. Namaz bitince hutbe okunur.

Bayramda Görevlerimiz:

Bayram sabahı erkenden kalkmak, yıkanmak, dişleri temizlemek, en iyi elbiseleri giymek ve güzel kokular sürünerek camiye gitmek

Karşılaştığı kimselere güler yüzlü davranmak, fakirlere yardımda bulnarak sevindirmek

Din kardeşlerimizin bayramını tebrik etmek, büyükleri ziyaret etmek, ölülerimiz için sadaka vermek, kabirlerini ziyaret ederek Kur'an okumak ve duâ etmek,

Küskünlükleri bırakmak, dargınları barıştırmak, çocukları hediyelerle sevindirmek.

Bayramlarda yapılması gereken belli başlı görevlerdir.

CENAZE NAMAZI

Cenaze namazı, farz-ı kifayedir. Ölü için dûadır. Din kardeşinin günah ve kusurlarının bağışlanmasını Allah'tan dilemek, ona son vazifeyi yapmaktır.

Cenaze namazı farz-ı kifaye olduğundan bazı müslümanlar bu namazı kılarsa başkalarının kılmasına gerek kalmaz.

Cenaze namazının rükünleri, dört tekbir ile kıyam'dır. Selâm vermek vaciptir.

Birinci tekbirden sonra subhaneke, ikinci tekbirden sonra Allahümme salli ve bârik, üçüncü tekbirden sonra dua okumak sünnettir.

Cenaze namazında rükû ve secde yoktur.

Cenaze Namazının Kılınışı:

Cenaze yıkanmış ve kefene sarılmış olarak namazın kılınacağı yerde "Musalla"ya konulur. Cenaze cemaatin önünde bulunur. Namazı kıldıracak imam ölünün göğsü hizasında durur. Cemaat ayakta ve kıbleye karşı imamın arkasında saf bağlar.

Niyet ederken ölünün erkek veya kadın, erkek çocuğu veya kız çocuğu olduğu belirtilir.

Cemaat: "*Niyet ettim Allah rızası için hazır olan cenaze namazını kılmaya (ölü erkek ise) şu erkek için duâya, uydum imama*" diye niyet eder.

Cenaze kadın ise: "*Şu kadın için duâya*"

Cenaze erkek çocuğu ise: "*Şu erkek çocuğu için duâya*"

Cenaze kız çocuğu ise: "*Şu kız çocuğu için duâya*" denilir.

Cemaattan biri ölünün erkek mi, kadın mı olduğunu bilmezse, şöyle niyet eder. "*Niyet ettim Allah rızası için imamın namazını kılacağı şu cenaze namazını kılmaya, ölü için duaya, uydum imama*"

Niyet ettikten sonra imam yüksek sesle, onun peşinden cemaat gizlice "***Allâhü Ekber***" diyerek birinci tekbiri alıp diğer namazlarda olduğu gibi ellerini kulak hizasına kaldırır ve göbek altına bağlar.

İmam ve cemaat gizlice sübhâneke'yi okurlar. Sübhâneke'de diğer namazlarda okunmayan "*ve celle senâük*" cümlesi de okunur.

Sübhâneke okunduktan sonra eller kaldırılmadan imam açıktan, cemaat da gizlice "***Allâhü Ekber***" diyerek ikinci tekbiri alırlar. Hem imam, hem de cemaat gizlice "*Allâhümme salli ve Allahümme bârik*"i okur.

Sonra eller kaldırılmaksızın yine "***Allâhü Ekber***" denilerek üçüncü tekbir alınır ve cenaze dûası okunur. Cenaze dûasını bilmeyen onun yerine kunut dûalarını okuyabilir. Kunut dûalarını da bilmeyen "*Rabbena âtina fiddünyâ haseneten ve fil'âhireti haseneten ve kınâ azâbennâr*" ayetini okur.

Bundan sonra eller kaldırılmadan tekrar "***Allâhü Ekber***" denilerek dördüncü tekbir alınır ve bir şey okunmaksızın önce baş sağ tarafa çevrilerek "*Esselâmü aleyküm ve rahmetüllah*" denilir. Sonra baş sol tarafa çevrilerek "*Esselâmü aleyküm ve rahmetüllah*" denilir ve böylece cenaze namazı bitirilmiş olur.

CENAZE NAMAZI DUASI

اَللّٰهُمَّ اغْفِرْ لِحَيِّنَا وَمَيِّتِنَا وَشَاهِدِنَا وَغَائِبِنَا وَذَكَرِنَا
وَاُنْثَانَا وَصَغِيرِنَا وَكَبِيرِنَا

اَللّٰهُمَّ مَنْ اَحْيَيْتَهُ مِنَّا فَاَحْيِهِ عَلَى الْاِسْلَامِ وَمَنْ
تَوَفَّيْتَهُ مِنَّا فَتَوَفَّهُ عَلَى الْاِيمَانِ

Namazda Okunan Kısa Sureler ve Dualar

Sübhâneke

سُبْحَانَكَ اللّٰهُمَّ وَبِحَمْدِكَ وَتَبَارَكَ اسْمُكَ وَتَعَالٰى جَدُّكَ

(وَجَلَّ ثَنَآئُكَ) وَلَآ اِلٰهَ غَيْرُكَ

Okunuşu: Subhânekellâhümme ve bi hamdik ve tebârekesmük ve teâlâ ceddük (ve celle senâük) ve lâ ilâhe ğâyrük.

Anlamı: Allahım! Sen eksik sıfatlardan pak ve uzaksın. Seni daima böyle tenzih eder ve överim. Senin adın mübarektir. Varlığın her şeyden üstündür. Senden başka ilah yoktur.

Ettehıyyatü

اَلتَّحِيَّاتُ لِلّٰهِ وَالصَّلَوَاتُ وَالطَّيِّبَاتُ اَلسَّلاَمُ عَلَيْكَ اَيُّهَا النَّبِىُّ وَرَحْمَةُ اللّٰهِ وَبَرَكَاتُهُ اَلسَّلاَمُ عَلَيْنَا وَعَلٰى عِبَادِ اللّٰهِ الصَّالِحِينَ اَشْهَدُ اَنْ لاَ اِلٰهَ اِلاَّ اللّٰهُ وَاَشْهَدُ اَنَّ مُحَمَّدًا عَبْدُهُ وَرَسُولُهُ

Okunuşu: Ettehıyyâtü lillâhi vessalevâtü vettayyibât. Esselâmü aleyke eyyühen-Nebiyyü ve rahmetüllâhi ve berakâtüh, Esselâmü aleynâ ve alâ ‘ıbâdillâhis-Sâlihîn. Eşhedü en lâ ilâhe illellâh ve eşhedü enne Muhammeden abdühû ve Resûlüh.

Anlamı: Dil ile, beden ve mal ile yapılan bütün ibadetler Allah’adır. Ey Peygamber! Allah’ın selâmı rahmet ve bereketleri senin üzerine olsun. Selâm bizim üzerimize ve Allah’ın bütün iyi kulları üzerine olsun. Şahitlik ederim ki, Allah’tan başka ilah yoktur. Yine şahitlik ederim ki, Muhammed O’nun kulu ve Peygamberidir.

Allâhümme Salli

اَللّٰهُمَّ صَلِّ عَلٰى مُحَمَّدٍ وَعَلٰى اٰلِ مُحَمَّدٍ كَمَا صَلَّيْتَ
عَلٰى اِبْرَاهِيمَ وَعَلٰى اٰلِ اِبْرَاهِيمَ اِنَّكَ حَمِيدٌ مَجِيدٌ

Okunuşu: Allâhümme salli alâ Muhammedin ve alâ âli Muhammed. Kemâ salleyte alâ İbrahîme ve alâ âli İbrahîm. İnneke hamîdün mecîd.

Anlamı: Allah'ım! Muhammed'e ve Muhammed'in ümmetine rahmet eyle.Şerefini yücelt, İbrahim'e ve İbrahim'in ümmetine rahmet ettiğin gibi. Şüphesiz övülmeye lâyık yalnız sensin, şan ve şeref sahibi de sensin.

Allâhümme Bârik

اَللّٰهُمَّ بَارِكْ عَلٰى مُحَمَّدٍ وَعَلٰى اٰلِ

مُحَمَّدٍ كَمَا بَارَكْتَ عَلٰى اِبْرَاهِيمَ وَعَلٰى اٰلِ

اِبْرَاهِيمَ اِنَّكَ حَمِيدٌ مَجِيدٌ

Okunuşu: Allâhümme bârik alâ Muhammedin ve alâ âli Muhammed. Kemâ bârekte alâ İbrahîme ve alâ âli İbrahîm. İnneke hamîdün mecîd.

Anlamı: Allah'ım! Muhammed'e ve Muhammed'in ümmetine hayır ve bereket ver. İbrahim'e ve İbrahim'in ümmetine verdiğin gibi. Şüphesiz övülmeye lâyık yalnız sensin, şan ve şeref sahibi de sensin.

Rabbenâ Âtina

رَبَّنَا اٰتِنَا فِى الدُّنْيَا حَسَنَةً وَفِى الْاٰخِرَةِ حَسَنَةً وَقِنَا عَذَابَ النَّارِ

Okunuşu: Rabbenâ âtinâ fid'dünyâ haseneten ve fil'âhirati haseneten ve kınâ azâbennâr.

Anlamı: Allah'ım! Bize dünyada iyilik ve güzellik, ahirette de iyilik güzellik ver. Bizi ateş azabından koru.

Rabbenağfirlî

رَبَّنَا اغْفِرْلِى وَلِوَالِدَىَّ وَلِلْمُؤْمِنِينَ يَوْمَ يَقُومُ الْحِسَابُ

Okunuşu: Rabbenağfirlî ve li-vâlideyye ve lil-Mü'minine yevme yekûmül-hisâb.

Anlamı: Ey bizim Rabbimiz! Beni, anamı ve babamı ve bütün mü'minleri hesap gününde (herkesin sorguya çekileceği günde) bağışla.

Kunut Duâsı (Allâhümme innâ nesteînüke)

اَللّٰهُمَّ اِنَّا نَسْتَعِينُكَ وَنَسْتَغْفِرُكَ وَنَسْتَهْدِيكَ وَنُؤْمِنُ
بِكَ وَنَتُوبُ اِلَيْكَ وَنَتَوَكَّلُ عَلَيْكَ وَنُثْنِى عَلَيْكَ الْخَيْرَ
كُلَّهُ نَشْكُرُكَ وَلاَ نَكْفُرُكَ وَنَخْلَعُ وَنَتْرُكُ مَنْ يَفْجُرُكَ

Okunuşu: Allâhümme innâ nesteînüke ve nestağfirüke ve nestehdîk ve nü'minü bike ve netûbü ileyk. Ve netevekkelü aleyke ve nüsnî aleykel-hayra küllehû neşkürüke ve lâ nekfürük ve nahleu ve netrukü men yefcürük.

Anlamı: Allah'ım! Senden yardım isteriz, günahlarımızı bağışlamanı isteriz, razı olduğun şeylere hidayet etmeni isteriz. Sana inanırız, sana tevbe ederiz. Sana güveniriz. Bize verdiğin bütün nimetleri bilerek seni hayır ile överiz. Sana şükrederiz. Hiçbir nimetini inkâr etmez ve onları başkasından bilmeyiz. Nimetlerini inkâr eden ve sana karşı geleni bırakırız.

Kunut Duâsı (Allâhümme iyyâke)

اَللّٰهُمَّ اِيَّاكَ نَعْبُدُ وَلَكَ نُصَلِّى وَنَسْجُدُ وَاِلَيْكَ نَسْعٰى
وَنَحْفِدُ نَرْجُو رَحْمَتَكَ وَنَخْشٰى عَذَابَكَ اِنَّ عَذَابَكَ
بِالْكُفَّارِ مُلْحِقٌ

Okunuşu: Allâhümme iyyâke na'büdü ve leke nüsallî ve nescüdü ve ileyke nes'â ve nahfidü nercû rahmeteke ve nahşâ azâbeke inne azâbeke bilküffâri mülhık.

Anlamı: Allah'ım! Biz yalnız sana kulluk ederiz. Namazı yalnız senin için kılarız, ancak sana secde ederiz. Yalnız sana koşar ve sana yaklaştıracak şeyleri kazanmaya çalışırız. İbadetlerini sevinçle yaparız. Rahmetinin devamını ve çoğalmasını dileriz. Azabından korkarız, şüphesiz senin azabın kâfirlere ve inançsızlara ulaşır.

Fâtiha Sûresi

بِسْمِ اللهِ الرَّحْمٰنِ الرَّحِيمِ

اَلْحَمْدُ لِلّٰهِ رَبِّ الْعَالَمِينَ ﴿١﴾ اَلرَّحْمٰنِ الرَّحِيمِ ﴿٢﴾ مَالِكِ يَوْمِ
الدِّينِ ﴿٣﴾ اِيَّاكَ نَعْبُدُ وَاِيَّاكَ نَسْتَعِينُ ﴿٤﴾ اِهْدِنَا الصِّرَاطَ
الْمُسْتَقِيمَ ﴿٥﴾ صِرَاطَ الَّذِينَ اَنْعَمْتَ عَلَيْهِمْ غَيْرِ الْمَغْضُوبِ
عَلَيْهِمْ وَلَا الضَّٓالِّينَ ﴿٦﴾

Okunuşu: Elhamdü lillâhi rabbil'âlemîn. Errahmânirrahîm. Mâliki yevmiddîn. İyyâke na'budü ve iyyâke neste'în. İhdinas-sırâtal-müstakîm. Sırâtallezîne en'amte aleyhim ğayrilmağdûbi aleyhim ve leddâllîn.

Anlamı: Hamd, âlemlerin Rabbi, merhametli olan, merhamet eden ve Din Günü'nün sahibi olan Allah'a mahsustur. (Allah'ım!) ancak sana kulluk eder ve yalnız senden yardım dileriz. Bizi doğru yola, nimete erdirdiğin kimselerin, gazaba uğramayanların, sapmayanların yoluna eriştir.

Fil Sûresi

بِسْمِ اللّٰهِ الرَّحْمٰنِ الرَّح۪يمِ

اَلَمْ تَرَ كَيْفَ فَعَلَ رَبُّكَ بِاَصْحَابِ الْف۪يلِۜ ﴿١﴾ اَلَمْ يَجْعَلْ كَيْدَهُمْ ف۪ي تَضْل۪يلٍۙ ﴿٢﴾ وَاَرْسَلَ عَلَيْهِمْ طَيْرًا اَبَاب۪يلَۙ ﴿٣﴾ تَرْم۪يهِمْ بِحِجَارَةٍ مِنْ سِجّ۪يلٍۙ ﴿٤﴾ فَجَعَلَهُمْ كَعَصْفٍ مَاْكُولٍ ﴿٥﴾

Okunuşu: Elem tera keyfe fe'ale rabbüke biashâbilfîl. Elem yec'al keydehüm fî tadlîl. Ve ersele aleyhim tayren ebâbîl. Termîhim bi-hıcâretin min siccîl. Fece'alehüm ke'asfim me'kûl.

Anlamı: (Ey Muhammed!)(Kabe'yi yıkmağa gelen) fil sahiplerine Rabbinin ne ettiğini görmedin mi? Onların düzenlerini boşa çıkarmadı mı? Onların üzerine, sert taşlar atan sürülerle kuşlar gönderdi. Sonunda onları, yenilmiş ekin gibi yaptı.

Kureyş Sûresi

بِسْمِ اللّٰهِ الرَّحْمٰنِ الرَّح۪يمِ

لِا۪يلَافِ قُرَيْشٍۙ ﴿١﴾ ا۪يلَافِهِمْ رِحْلَةَ الشِّتَٓاءِ وَالصَّيْفِۚ ﴿٢﴾

فَلْيَعْبُدُوا رَبَّ هٰذَا الْبَيْتِۙ ﴿٣﴾

اَلَّذ۪ٓي اَطْعَمَهُمْ مِنْ جُوعٍ وَاٰمَنَهُمْ مِنْ خَوْفٍ ﴿٤﴾

Okunuşu: Li'î lâfi Kureyşin. Îlâfihim rıhleteşşitâi ves-sayf. Felya'büdû rabbe hâzelbeyt. Ellezî et'amehüm min cû'in ve âmenehüm min havf.

Anlamı: Kureyş kabilesinin yaz ve kış yolculuklarında uzlaşması ve anlaşması sağlanmıştır. Öyleyse kendilerini açken doyuran ve korku içindeyken güven veren bu Kâbe'nin Rabbine kulluk etsinler.

Mâûn Sûresi

بِسْمِ اللّٰهِ الرَّحْمٰنِ الرَّحِيمِ

اَرَاَيْتَ الَّذٖى يُكَذِّبُ بِالدّٖينِؕ ﴿١﴾ فَذٰلِكَ الَّذٖي يَدُعُّ الْيَتٖيمَۙ ﴿٢﴾ وَلَا يَحُضُّ عَلٰى طَعَامِ الْمِسْكٖينِؕ ﴿٣﴾ فَوَيْلٌ لِلْمُصَلّٖينَۙ ﴿٤﴾ اَلَّذٖينَ هُمْ عَنْ صَلَاتِهِمْ سَاهُونَۙ ﴿٥﴾ اَلَّذٖينَ هُمْ يُرَٓاؤُ۫نَۙ ﴿٦﴾ وَيَمْنَعُونَ الْمَاعُونَ ﴿٧﴾

Okunuşu: Era'eytellezî yükezzibü bid-dîn. Fezâlikellezî yedu'ulyetîm ve lâ yehuddu alâ ta'âmilmiskîn. Feveylün lilmüsallîn. Ellezîne hüm an salâtihim sâhûn. Ellezîne hüm yürâûne. Ve yemne'ûnelmâ'ûn.

Anlamı: (Ey Muhammed!) Dini yalan sayanı gördün mü? Öksüzü kakıştıran, yoksulu doyurmaya yanaşmayan kimse işte odur. Vay o namaz kılanların haline ki: Onlar kıldıkları namazdan gafildirler. Onlar gösteriş yaparlar. Onlar (eğreti olarak) basit şeyleri dahi vermezler.

Kevser Sûresi

بِسْمِ اللّٰهِ الرَّحْمٰنِ الرَّحِيمِ
اِنَّٓا اَعْطَيْنَاكَ الْكَوْثَرَۜ ﴿١﴾ فَصَلِّ لِرَبِّكَ وَانْحَرْۜ ﴿٢﴾ اِنَّ
شَانِئَكَ هُوَ الْاَبْتَرُ ﴿٣﴾

Okunuşu: İnnâ a'teynâkelkevser. Fesalli lirabbike venhar. İnne şânieke hüvel'ebter.

Anlamı: (Ey Muhammed!) Doğrusu sana pek çok nimet vermişizdir. Öyleyse Rabbin için namaz kıl, kurban kes. Doğrusu adı sanı ortadan kalkacak olan, sana kin tutan kimsedir.

Kâfirûn Sûresi

بِسْمِ اللّٰهِ الرَّحْمٰنِ الرَّح۪يمِ

قُلْ يَٓا اَيُّهَا الْكَافِرُونَۙ ﴿١﴾ لَٓا اَعْبُدُ مَا تَعْبُدُونَۙ ﴿٢﴾ وَلَٓا
اَنْتُمْ عَابِدُونَ مَٓا اَعْبُدُۚ ﴿٣﴾
وَلَٓا اَنَا عَابِدٌ مَا عَبَدْتُمْۙ ﴿٤﴾ وَلَٓا اَنْتُمْ عَابِدُونَ مَٓا اَعْبُدُۜ
﴿٥﴾ لَكُمْ د۪ينُكُمْ وَلِيَ د۪ينِ ﴿٦﴾

Okunuşu: Kul yâ eyyühelkâfirûn. Lâ a'büdü mâ ta'büdûn. Ve lâ entüm âbidûne mâ a'büd. Ve lâ ene âbidün mâ abedtüm. Ve lâ entüm âbidûne mâ a'büd. Leküm dînüküm veliye dîn.

Anlamı: (Ey Muhammed!) De ki: "Ey inkarcılar! Ben sizin taptıklarınıza tapmam. Benim taptığıma da sizler tapmazsınız. Ben de sizin taptığınıza tapacak değilim. Benim taptığımada sizler tapmıyorsunuz. Sizin dininiz size, benim dinim banadır."

Nasr Sûresi

بِسْمِ اللّٰهِ الرَّحْمٰنِ الرَّح۪يمِ

اِذَا جَٓاءَ نَصْرُ اللّٰهِ وَالْفَتْحُۙ ﴿١﴾ وَرَاَيْتَ
النَّاسَ يَدْخُلُونَ ف۪ى د۪ينِ اللّٰهِ اَفْوَاجًاۙ ﴿٢﴾
فَسَبِّحْ بِحَمْدِ رَبِّكَ وَاسْتَغْفِرْهُۜ اِنَّهُ كَانَ تَوَّابًا ﴿٣﴾

Okunuşu: İzâ câe nasrullâhi velfeth. Ve raeytennâse yedhulûne fî dînillâhi efvâcâ. Fesebbih bihamdi rabbike vestağfirh, İnnehü kâne tevvâbâ.

Anlamı: (Ey Muhammed!) Allah'ın yardımı ve zafer günü gelip; insanların Allah'ın dinine akın akın girdiklerini görünce, Rabbini överek tesbih et; O'ndan bağışlama dile. Çünkü O, tevbeleri daima kabul edendir."

Tebbet Sûresi

بِسْمِ اللّٰهِ الرَّحْمٰنِ الرَّح۪يمِ

تَبَّتْ يَدَٓا اَب۪ي لَهَبٍ وَتَبَّۜ ﴿١﴾ مَٓا اَغْنٰى عَنْهُ مَالُهُ وَمَا كَسَبَۜ

﴿٢﴾ سَيَصْلٰى نَارًا ذَاتَ لَهَبٍۚ ﴿٣﴾

وَامْرَاَتُهُۜ حَمَّالَةَ الْحَطَبِۚ ﴿٤﴾ ف۪ي ج۪يدِهَا حَبْلٌ مِنْ مَسَدٍ ﴿٥﴾

Okunuşu: Tebbet yedâ ebî lehebin ve tebb. Mâ ağnâ anhü mâlühû ve mâ keseb. Seyaslâ nâran zâte leheb. Vemraetühû hammâletelhatab. Fî cîdihâ hablün min mesed.

Anlamı: Ebû Leheb'in elleri kurusun; kurudu da! Malı ve kazandığı kendisine fayda vermedi. Alevli ateşe yaslanacaktır. Karısı da, boynunda bir ip olduğu hâlde ona odun taşıyacaktır.

İhlâs Sûresi

بِسْمِ اللّٰهِ الرَّحْمٰنِ الرَّحِيمِ

قُلْ هُوَ اللّٰهُ اَحَدٌۚ ﴿١﴾ اَللّٰهُ الصَّمَدُۚ ﴿٢﴾ لَمْ يَلِدْ وَلَمْ يُولَدْۙ ﴿٣﴾ وَلَمْ يَكُنْ لَهُ كُفُوًا اَحَدٌ ﴿٤﴾

Okunuşu: Kul hüvallâhü ehad. Allâhüssamed. Lem yelid ve lem yûled. Ve lem yeküllehû küfüven ehad.

Anlamı: (Ey Muhammed!) De ki: "O Allah bir tektir. Allah, herşeyden müstağni ve her şey ona muhtaçtır. O doğurmamış ve doğmamıştır. Hiçbir şey O'na denk değildir."

Felâk Sûresi

بِسْمِ اللّٰهِ الرَّحْمٰنِ الرَّحِيمِ

قُلْ اَعُوذُ بِرَبِّ الْفَلَقِۙ ﴿١﴾ مِنْ شَرِّ مَا خَلَقَۙ ﴿٢﴾ وَمِنْ شَرِّ غَاسِقٍ اِذَا وَقَبَۙ ﴿٣﴾

وَمِنْ شَرِّ النَّفَّاثَاتِ فِى الْعُقَدِۙ ﴿٤﴾ وَمِنْ شَرِّ حَاسِدٍ اِذَا حَسَدَ ﴿٥﴾

Okunuşu: Kul e'ûzü birabbilfelak. Min şerri mâ halak. Ve min şerri ğâsikın izâ vekab. Ve min şerrinneffâsâti fil'ukad. Ve min şerri hâsidin izâ hased.

Anlamı: (Ey Muhammed!) De ki: "Yaratıkların şerrinden, bastırdığı zaman karanlığın şerrinden, düğümlere nefes eden büyücülerin şerrinden, haset ettiği zaman hasedçinin şerrinden, tan yerini ağartan Rabbe sığınırım."

Nâs Sûresi

بِسْمِ اللّٰهِ الرَّحْمٰنِ الرَّح۪يمِ

قُلْ اَعُوذُ بِرَبِّ النَّاسِۙ ﴿١﴾ مَلِكِ النَّاسِۙ ﴿٢﴾ اِلٰهِ النَّاسِۙ ﴿٣﴾ مِنْ
شَرِّ الْوَسْوَاسِ الْخَنَّاسِۙ ﴿٤﴾
اَلَّذ۪ي يُوَسْوِسُ ف۪ي صُدُورِ النَّاسِۙ ﴿٥﴾ مِنَ الْجِنَّةِ وَالنَّاسِ ﴿٦﴾

Okunuşu: Kul e'ûzü birabbinnâsı. Melikinnâsı. İlâhinnâs. Min şerrilvesvâsilhannâs. Ellezî yüvesvisü fî sudûrinnâs. Minel cinneti vennâs.

Anlamı: (Ey Muhammed!) De ki: "İnsanlardan ve cinlerden insanların gönüllerine vesvese veren o sinsi vesvesecinin şerrinden, insanların ilahı, insanların hükümranı ve insanların Rabbi olan Allaha sığınırım."